Was gilt das Wort des Beraters?

Glaubwürdigkeit

Am Steuer bleiben

Unvoraussagbarkeit

Verlag Harmony Balance Edition

Agatharied

Die Deutsche Bibliothek verzeichnet diese Publikation in der Deutschen Nationalbibliographie. Detaillierte bibliographische Daten sind im Internet über www.dnb.ddb.de abrufbar.

Umschlaggestaltung: Hans-Ulrich Schachtner

Printed in Germany ISBN 978-3-939924-00-5

Was gilt das Wort

des Beraters?

Inhaltsverzeichnis

Vorwort

Dieses kleine Büchlein ist für Menschen gedacht, die viel mit anderen Menschen zu tun haben, zum Beispiel Ärzte und Psychotherapeuten, Berater und Coaches, Eltern und Lehrer. Es soll diesen Personen und allen anderen in helfenden Berufen dabei helfen, ihre Botschaften und Inhalte glaubwürdiger und interessanter „rüberzubringen", so dass sie beim Gegenüber auf ein offenes Ohr und auf ein offener Herz treffen.

Die Erfahrungen, die in diesem kleinen Büchlein dargeboten werden, sind die Ergebnisse einer über vierzigjährigen Beratungspraxis mit Menschen aus allen möglichen Lebensbereichen.

Ich hoffe sie helfen auch Ihnen, Ihren Gedanken, Botschaften und Hilfestellungen mehr Geltung zu verleihen.

Viel Spaß und eigene Ideen
beim Lesen

Wie Sie Ihrem Wort Geltung verleihen

Glaubwürdigkeit – Führung – Unvoraussagbarkeit
in Therapie, Coaching und Beratung

Der große Psychotherapeut und Arzt Milton H. Erickson wurde einmal von einem jungen Psychiater gefragt, warum er keine repräsentativere Praxis habe. Ein Mann von seinem Format müsste sich doch eine Sekretärin, großzügigere Räume und modernes Mobiliar leisten. Erickson gab zur Antwort: »Als ich anfing zu therapieren, sah es hier sogar noch weit bescheidener aus. In diesem Raum war nichts ausser einem Gartentisch und zwei Klappstühlen, allerdings ... ich war da.«

Erickson verzichtete auf Prestige und Äußerlichkeiten. Er hatte wirksamere Methoden, seinem Wort Geltung zu verleihen. Diese Fähigkeit ist eine der wichtigsten Voraussetzungen für eine effektive Therapie bzw. effektives Coaching und jede Kommunikation. Die besten Interventionen bewirken nichts, wenn sie nicht auf den Kontext und die Persönlichkeit des Beraters abgestimmt sind.

Durch den persönlichen Austausch und vielen Gesprächen mit innovativen, unkonventionellen Beratern wie Dr. Milton H. Erickson, Frank Farrelly oder Harry Boyd fand ich drei Faktoren, von denen abhängt, ob das Gegenüber Ihrem Wort Bedeutung beimisst:

1. Ihre Glaubwürdigkeit
2. Ihre Fähigkeit am Steuer zu bleiben
3. Die Unvoraussagbarkeit Ihrer Reaktionen

Glaubwürdigkeit

Bevor ich auf Methoden eingehe, die Ihre Glaubwürdigkeit erhöhen, möchte ich zwei Beobachtungen weitergeben:

a) Die Menschen, die heute Coaching oder Beratung suchen, bringen andere Grundeinstellungen mit als noch vor 20 oder 30 Jahren. Sie sind weit selbstbewusster und weniger autoritätsgläubig. Sie haben weit mehr Vorinformationen über Beratung, Coaching und Therapie und kennen oft schon die Methoden und Rituale gängiger Beratungspraxis aus dem Fernsehen. Sie überlassen sich nicht mehr willig oder kritiklos der Führung eines Therapeuten, Beraters oder Coach.

Was nützt es, wenn Ihr Gegenüber Sie "nett" findet, wenn Ihre Glaubwürdigkeit dabei auf der Strecke bleibt? Wenn Sie ihm "unconditional regard" (unbedingte Wertschätzung) zeigen, wenn er doch instinktiv weiß, daß er den sprichwörtlichen Tritt in den Hintern braucht, um sich aufzuraffen, das längst Fällige endlich zu tun.

Der Berater wird *dann* für das Gegenüber glaubwürdig, wenn er sich auf dessen Welt- und Selbstsicht einstellt und ihn dort abholt, wo er momentan steht.

Eine kleine Geschichte soll das veranschaulichen:

Ein Psychiater wird in den Notaufnahmeraum gerufen, um sich eines Mannes anzunehmen, der auf alle Fragen mit dem Satz reagiert: »Ich bin tot«. Das Interview verläuft etwa folgendermaßen:

Psychiater: »Guten Tag, ich bin Dr. Bianco.«
Patient: »Ich bin tot.«

7

Psychiater: »Wie heißen Sie?«
Patient: »Ich bin tot.«
Psychiater: »Nun, was haben Sie für ein Problem?«
Patient: »Ich bin tot.«
Psychiater: »Wo wohnen Sie?«
Patient: »Ich bin tot.«
Psychiater: »Hat Sie jemand hierher begleitet?«
Patient: »Ich bin tot.«

An diesem Punkt holt Dr. Bianco den Chefarzt an und erzählt ihm, wie er erfolglos versucht hatte, die Vorgeschichte des Patienten zu erfahren. Der Chefarzt kommt und geht auf den Patienten zu:

»Hallo, ich bin Dr. Morris.«
Patient: »Ich bin tot.«

Der Chefarzt reagierte: »Ich weiß, daß Sie jetzt tot sind, aber wie hießen Sie denn, bevor Sie starben?«

Von hier an gab der Patient eine detaillierte Vorgeschichte und beantwortete alle Fragen, die ihm der Chefarzt stellte (Fay, 1978, S. 137).

Das Eis ist gebrochen, sobald sich der Therapeut, Berater oder Coach der Sichtweise des Klienten anschließt, und sei sie noch so extrem oder abstrus. Ein drastisches Beispiel dafür stammt von *Milton H. Erickson:*

Eine 31-jährige Frau rief Erickson an und bat um Hilfe, fügte aber hinzu, sie sei sich sicher, daß er sie nicht empfangen würde. Als sie in seinem Büro ankam, sagte sie: »Ich hab's ja gleich gewusst, daß es keinen Sinn hat. Ich gehe am besten wieder. Mein Vater ist tot, meine Mutter ist tot, meine Schwester ist tot, und von mir ist so gut wie nichts übergeblieben.«

Erickson ging das Problem auf folgende Weise an:

»Ich nötigte das Mädchen sich hinzusetzen und erkannte nach einer Weile intensiven Nachdenkens, daß man mit ihr nur unfreundlich oder brutal kommunizieren könne. Ich würde Brutalität einsetzen müssen, um sie von meiner Aufrichtigkeit zu überzeugen. Sie würde jede Freundlichkeit falsch verstehen und könnte einer höflichen Sprache keinen Glauben schenken. Ich müsste ihr unmissverständlich klarmachen, daß ich ihr Problem verstehe und richtig einschätze und daß ich keine Angst davor habe, offen, frei, leidenschaftslos und ehrlich mit ihr zu sprechen.

Ich nahm kurz ihre Vorgeschichte auf und stellte dann die beiden entscheidenden Fragen: «Wie groß sind Sie?» und «Wieviel wiegen Sie?». Mit dem Ausdruck größten Unbehagens antwortete sie: «Ich bin einen Meter fünfzig groß und wiege etwa zweieinhalb Zentner. Ich bin ein fader, dicker Fettwanst. Niemand will mich anschauen, höchstens mit Abscheu.»

Diese Bemerkung verschaffte mir einen passenden Einstieg, so daß ich zu ihr sagte: «Sie haben nicht ganz die Wahrheit gesagt. Ich werde mit einfachen Worten sprechen, so daß Sie über sich Bescheid wissen und sehen, daß ich über Sie Bescheid weiß. Dann werden Sie glauben, wirklich glauben, was ich Ihnen zu sagen habe. Sie sind keineswegs ein fader, dicker Fettwanst. Sie sind der fetteste, hässlichste, abstoßendste Kübel Schweineschmalz, den ich je gesehen habe, und es ist widerlich, sie anschauen zu müssen. Sie haben doch die höhere Schule geschafft! Sie haben etwas Lebenserfahrung! Und trotzdem sitzen Sie hier: einen Meter fünfzig groß und zweieinhalb Zentner schwer. Ich habe noch kein hässlicheres Gesicht gesehen. Ihre Nase hat man ihnen aufs Gesicht gequetscht, die Zähne sind krumm. Ihr Unterkiefer passt nicht auf den Oberkiefer. Und dieses Mondgesicht! Ihre Stirn widerlich niedrig. Nicht mal Ihr Haar ist anständig gekämmt. Und dann das Kleid, das Sie da tragen! - Tupfen, Hunderte und Tausende von Tupfen. Sie haben keinen Geschmack, schon garnicht, was Kleidung anbelangt. Ihre Füße quellen über den Rand Ihrer Schuhe. Mit schlichten Worten: Sie sind eine Katastrophe. Sie brauchen, weiß Gott, Hilfe. Und ich bin bereit, Ihnen diese Hilfe zu geben.

Ich glaube, daß Sie jetzt wissen, daß ich keine Hemmungen habe, Ihnen die Wahrheit zu sagen. Denn zuerst einmal müssen Sie die Wahrheit über sich akzeptieren, bevor Sie das Notwendigste lernen können, um sich selbst zu helfen. Aber ich zweifle noch, ob Sie das verkraften können. Weswegen sind Sie denn gekommen?« *(Haley, 1973, S. 48).* Dieses schockierende Beispiel gehört sicherlich zu den Ausnahmen, aber haben nicht die meisten unserer Klienten eine in manchen Punkten übertrieben negative Selbstsicht?

Wir hören in den ersten Stunden oft eine Fülle von Selbstabwertungen, z.B.: »Ich bin zu ängstlich, zu faul, zu ungebildet; ich bin unattraktiv, zu langsam oder zu hektisch usw.« Die »normalen« Reaktionen von Freunden und Bekannten auf solche Äußerungen sind beschwichtigende Bemerkungen, die von gutem Zureden bis zu heftigem Widerspruch reichen. Therapeuten, Berater oder Coaches wissen, wie wenig nützlich und kurzlebig diese »Hilfen« sind, weil der Klient schon nach kurzer Zeit wieder den Zuspruch von außen braucht.

Wir erreichen weit mehr,
wenn wir uns der Sichtweise des Klienten anschließen,
sie vielleicht sogar noch übertreiben!

Beispiel: Klientin hält sich unattraktiv

Eine Klientin, die zurückgezogen lebt, weil sie sich für unattraktiv hält, sagt im Erstgespräch: ». . . und außerdem ist meine Nase unschön; sie ist zu groß.«

Berater (mit gespieltem Schaudern): »*Mein* Gott, jetzt, wo Sie es sagen, sehe ich das erst so richtig. Das ist ja ein Riesending, was Sie da im Gesicht haben. Das ist ja zum Fürchten! Eigentlich müssten Sie dafür einen Waffenschein beantragen!«

Klientin (lachend): »So schlimm sieht sie nun auch wieder nicht aus!«

Der Berater erzielt durch diese Reaktionsweise - nennen wir sie »paradoxe Authentizität«[1] - drei verschiedene Effekte:

1. Er zeigt durch seine Worte, daß er keine Angst hat, die Dinge beim Namen zu nennen. Er bemüht sich nicht um »schonende Behandlung« und redet nicht um den heißen Brei herum. Das stärkt seine Glaubwürdigkeit.

2. Er führt gleich zu Anfang Humor als Bestandteil der Therapie ein. Das erweitert seinen Handlungsspielraum und eröffnet Möglichkeiten, auf die wir später noch eingehen werden.

3. Durch Übertreibung bringt er den Klienten dazu, seine negativen Selbstaussagen abzuschwächen, realistischer zu denken, und oft auch dazu, Positives über sich selbst zu sagen.

---

1) Der Berater übertreibt, was der Klient *über sich selbst denkt oder sagt*, signalisiert dabei aber nonverbal, dass er *nicht ernst meint*, was er sagt (durch Schalk in den Augen).

Der Berater gewinnt auch an Glaubwürdigkeit, wenn er zeigt, daß er nicht von den Normen »sozialen Wohlverhaltens« kontrolliert wird.

Ein Klient, der am Wochenende anrief, um eine wichtige aktuelle Entscheidung mit mir durchzusprechen, sagte zum Abschluss: »Ich hoffe, ich habe Sie damit nicht zu sehr belastet?"

Berater (gespielt aufgebracht): »Belastet? Sie haben meinen Tag *ruiniert!* Wahrscheinlich liege ich noch grübelnd die ganze Nacht wach und bin am Morgen wie gerädert!«

Klient (lachend): »Na, so schlimm wird's wohl nicht werden.«

Ein weiteres Beispiel: Klient hat Zahlungsprobleme

Klient: »Ich kann Ihnen die Rechnung leider erst nächsten Monat bezahlen; ich hoffe, es macht Ihnen nichts aus.«

Berater (seufzend): »Tja, dann bleibt mir wohl nichts anderes übrig, als den Gürtel enger zu schnallen.«

Wir neigen dazu, unsere Klienten für zerbrechlicher zu halten, als sie sind. Durch eine zwar wohlwollende, aber unsentimentale Behandlung spüren sie, daß der Berater ihnen zutraut, sich zur Wehr setzen und sich selbst helfen zu können:

Klientin (mit tränenerstickter Stimme): »Könnte ich bitte ein Kleenex haben?«

Berater (schaut überlegend an die Decke, pausiert, mit zögerndem Tonfall): »Nun . . . ich weiß nicht. Einerseits fürchte ich, daß ich, wenn ich Ihnen ein Kleenex gebe, Ihre Neigung zu dependentem Verhalten verstärke. Andererseits denke ich: Was soll's, gib ihr ein Kleenex, sonst schnäuzt und heult sie Dir noch die ganze Couch nass!«

Klientin (greift selbstsicher nach den Tüchern): »Nun, während *Sie* überlegen, nehm' ich mir eines, ob es Ihnen passt oder nicht« (schneuzt sich laut). *(Farrelly,* S. 179)

Durch dieses Verhalten zeigt der Therapeut, Berater oder Coach, daß er sich nicht an angepasste soziale Konventionen hält, wodurch auch sein Lob und seine Anerkennung mehr Gewicht bekommen. Er hat Schmeicheln nicht nötig! Aber auch wenn der Klient einmal seine Anerkennung nicht annimmt, weiß er zu reagieren:

Berater: »Sie haben wirklich enorme Fortschritte gemacht!«

Klient (zweifelnd): »Glauben Sie wirklich?«

Berater (abwiegelnd): "Nein, natürlich nicht, das hab' ich doch nur gesagt, um Sie bei Laune zu halten. In Wirklichkeit war die Lage nie so ernst wie jetzt!~

Solche Reaktionen empfindet der Klient meist natürlicher und authentischer als platte Versicherungen. Richtig angewandt, wird der Rapport durch paradoxe Authentizität verstärkt. >Richtig angewandt< heißt in diesem Zusammenhang: Der Therapeut, Berater oder Coach vermittelt Achtung und Wohlwollen für den Klienten durch seine nonverbale Kommunikation, widerspricht dieser gleichzeitig aber (scheinbar) durch seine verbalen Aussagen. Dieser Widerspruch bewirkt bald, daß der Klient sich von Worten nicht mehr erschrecken lässt, sich mehr auf die nonverbale Kommunikation verlässt und dann um so sicherer ist, daß er dem Berater vertrauen kann.

Vielleicht werden manche Leser finden, daß Humor und Lachen in der Therapie- und Coachingsituation nicht angebracht sind angesichts der Leiden der Klienten. Dem möchte ich entgegenhalten, dass ...

a) die meisten Leiden unserer Klienten nicht direkt von ihren Lebensumständen ausgelöst werden, sondern erst durch ihre Interpretation dieser Umstände und ihrer Reaktionen auf diese Sichtweise

b) der Humor eine wichtige Funktion in der Therapie erfüllt: Er stellt eine indirekte Suggestion für Zuversicht dar. Eine scherzhafte Attitüde einem Problem gegenüber ist nämlich nur dann angebracht, wenn man sicher sein kann, daß alles einen guten Ausgang nehmen wird. Damit *suggeriert* der Berater dem Klienten Zuversicht, ohne seinen bewussten Widerstand zu wecken.

Wir nehmen *den Klienten* ernst, nicht aber seine pessimistische oder einseitige Welt- und Selbstsicht. Um da keine Missverständnisse aufkommen zu lassen, sollte der Berater sicherheitshalber immer *nach* dem Klienten lachen und auch etwas *weniger laut* als dieser.

Paradoxerweise fühlt sich der Klient bei dieser Reaktionsweise oft ernster genommen und mehr gefordert als bei einer traditionellen »verständnisvollen« Vorgehensweise. Der Klient merkt bald, daß er im Berater jemanden gefunden hat, der ehrlich zu ihm ist, der es nicht nötig hat ihm schön zu tun, der bereit ist, ihm auch einmal die ungeschminkte Wahrheit zu sagen. Von einem echten Freund erwarten wir doch auch, daß er uns sagt, wenn wir unangenehmen Mundgeruch haben oder uns selbst überschätzen. Wenn der Klient merkt, daß wir nicht zimperlich mit ihm umgehen, wird er seine soziale Fassade fallen lassen und sich wohler und sicherer mit uns fühlen. Somit kommen wir im Gespräch wesentlich schneller an die wahren Problemzonen.

Am Steuer bleiben - Der sogenannte „Längere Hebel"

Der zweite bedeutsame Punkt, der dem Wort des Beraters Geltung verleiht, ist seine Fähigkeit, das Steuer in der Hand zu behalten, im Sattel zu bleiben, kurz: Im Gespräch am längeren Hebel zu bleiben. Diese Anforderung ergibt sich aus der Überlegung, daß der Klient gar nicht in Beratung gekommen wäre, wenn er den nötigen Überblick gehabt hätte und seine eigenen Steuerungsversuche zum Ziel geführt hätten.

Das soll nicht heißen, daß der Berater andauernd, in jeder Situation die Führung haben muss! Er kann und soll sich auch manchmal der Führung des Klienten überlassen, nur muss er den generellen Kurs bestimmen, einen, der den Klienten (hoffentlich) aus seinen Problemen führt.

Dazu ist es äußerst wichtig, daß der Berater sich nicht vom Klienten in die Defensive drängen lässt. Defensive Sprachmuster, z.B. Rechtfertigungen, Erklärungen und Entschuldigungen schaden der Einflussposition des Beraters und werfen sogar einen Schatten auf seine Glaubwürdigkeit.

Der Berater vermeidet defensive Muster am wirksamsten, indem er folgendes Gesetz kennt und anwendet: das **„Hebelgesetz"**. Dieses Gesetz besagt:

In einer zwischenmenschlichen Kommunikation sitzt derjenige am längeren Hebel, der <u>weniger</u> vom anderen will, als dieser von ihm! (Boyd, 1976, S. 4).

Anders ausgedrückt: Wenn jemand etwas von uns will, muss *dieser* sich bemühen und etwas dafür tun. Wenn aber der Berater in der Defensive ist, will er vom Klienten etwas, vielleicht z.B. erfolgreich, kompetent, klug gesehen oder sympathisch gefunden zu werden. Dadurch gibt er aber das Steuer aus der Hand und die Therapie stagniert. Der Klient muss in jeder Phase der Therapie spüren, daß *er* derjenige ist, auf dessen Bemühungen es in der Therapie ankommt, schließlich ist *er* es doch, der sich verändern will.

Bei unseren gutwilligen Klienten brauchen wir solche Überlegungen gar nicht anzustellen. Es wäre aber naiv zu glauben, daß alle Klienten zu uns kommen, um bereitwillig unseren Rat anzunehmen, ihn auf sich anzuwenden und sich um Fortschritte zu bemühen. Manche Klienten sind Meister darin, den Spieß umzudrehen und den Berater dazu zu bringen, sich anzustrengen und abzumühen.

In der Supervision beobachte ich häufig, daß der Berater auf den Klienten einredet, gestikuliert, fieberhaft nach Antworten und Lösungen sucht, während der Klient ruhig dasitzt, relativ unbeteiligt den Berater betrachtet und diesen die ganze Arbeit tun lässt. In diesem Fall hat der Berater den Hebel aus der Hand gegeben und dadurch an Einfluss eingebüßt.

Auf die Beratungssituation angewandt bedeutet das „Hebelgesetz": Wenn es dem Klienten gelingt, den Berater so weit zu bringen, daß dieser nachdrücklich etwas von *ihm* will, bekommt er dadurch die Macht des «Neinsagens» und kann den Berater frustrieren. Dadurch bekommt er auch manipulativen Einfluss auf den Berater. Manche Leute ziehen es nunmal vor, lieber die Kräfte anderer zu mobilisieren als ihre eigenen! Andere fühlen sich nur sicher, wenn sie die Kontrolle über die Situation haben. Das zu erreichen ist manchmal gar nicht so schwierig. Viele Klienten haben sich im Laufe ihres Lebens die instinktive Fähigkeit angeeignet Ego-Bedürfnisse anderer herauszufinden, und sie dann dazu verwenden, andere für ihre Zwecke einzuspannen. Gerade wir Berater geraten dann leicht in solche Fallen, wenn wir übertrieben hohe Ansprüche an uns selbst stellen. Denn hier kann uns der Klient packen.

Wir würden uns etwas vormachen, wenn wir auf die Frage, was wir vom Klienten wollen, antworteten: »Das Honorar und sonst nichts.« Der Berater will doch auch oft, daß der Klient ihn mag, ihn sympathisch findet, seine Fähigkeiten schätzt, ihn als Person wertschätzt und dankbar für seine Bemühungen ist! Braucht der Berater den Klienten vielleicht, um in seinem Beruf Bestätigung zu finden? Je besser der Berater außerhalb seiner Praxis für seine Bedürfnisse gesorgt hat, um so umso sicherer wird er diesen Fallen ausweichen und am „längeren Hebel" bleiben.

Wenn ich in Ausbildungsseminaren bei Rollenspielen den Part des Klienten spiele, verwende ich gerne zu Übungszwecken die gängigen Beraterfallen. Das gibt dem lernenden Berater Gelegenheit, sich in der Anwendung des „Hebelgesetzes" zu üben. Wie würden Sie auf solche oder ähnliche Fragen und Äußerungen eines Klienten reagieren?

»Haben Sie denn Erfahrung mit einem Problem wie meinem?«

»Können Sie mir helfen?«

»Welche Methoden wollen Sie bei mir anwenden?«

»Machen Sie auch Gestalt-, Hypnose- usw. -therapie?«

Oder:

»Ich dachte, Sie wären älter. Ich glaube, daß ich einen wirklich erfahrenen Berater brauche!«

»Mir kann sowieso niemand helfen!«

»Sagen Sie mir doch, was ich tun soll, damit ich aus diesem Schlamassel rauskomme!«

Wer das „Hebelgesetz" nicht kennt oder nicht instinktiv anwendet, kann bei solchen Äußerungen in arge Bedrängnis geraten. Jeder von uns wird deutlich zu spüren bekommen, wenn er auf solche Fragen ungeschickt reagiert hat.

Wann immer ich mich in einer Beratung festgefahren habe und merke, daß nichts mehr weitergeht, brauche ich nur meine eigene Motivation und die Situation gewissenhaft zu prüfen, um herauszufinden, in welchem Punkte ich vom Klienten mehr will, als dieser zu geben bereit ist. Ich halte es generell für eine gute Angewohnheit, von Zeit zu Zeit zu prüfen, wer sich in der Therapie mehr anstrengt und engagiert. Wenn das der Berater ist, hat er wahrscheinlich den längeren Hebel abgegeben.

Der Klient erreicht auf zweierlei Art, an den „längeren Hebel" zu kommen:

a) Er bringt den Berater dazu, mehr von ihm zu wollen, als er selbst von sich verlangt. Er manifestiert dann Widerstand, indem er zum Beispiel vom Berater vorgeschlagene Aufträge nicht erledigt, Erklärungsversuche des Beraters abwertet, selbstzerstörerische Verhaltensweisen androht oder beibehält usw.

b) Er bringt den Berater dazu, sich die Rolle eines fürsorglichen Elternteils aufhalsen zu lassen. Das sieht oft so aus, daß er den Berater zunächst mit Vorschusslorbeeren «belohnt»: »Sie haben mir das letzte Mal so geholfen« (ohne daß aber wirklich etwas vorwärtsgegangen wäre). Als nächstes wird er dann ein bisschen fordernder:

»Könnten wir uns nicht zweimal in der Woche sehen?«

oder

»Machen Sie heute wieder Hypnose mit mir, das tut mir so gut!«

»Heute müssen Sie mich wieder aufbauen, mir geht es furchtbar schlecht!« usw.

Wie das endet, können Sie sich sicher vorstellen. Für den Fall, daß der Berater noch nicht alle Ego-Bedürfnisse, Eitelkeiten und verirrten Betreuungsimpulse im Griff hat (was ihn durchaus für einen Heiligenschein qualifizieren würde), gibt es geeignete Methoden, diese Fallen zu vermeiden und solche Situationen wieder in den Griff zu bekommen. Vor allem zwei Methoden sind dabei recht wirksam:

a) die paradoxe Zielformulierung und
b) die Herausforderungs- oder »Zeig es mir«-Technik.

Die paradoxe Zielformulierung

Bei diesem Vorgehen versucht der Berater, dem Klienten den Status quo schmackhaft zu machen, und zwar auf folgende Art:

»Um Ihr Problem zu meistern, müssen Sie es zunächst akzeptieren und (unter veränderten Bedingungen) bewusst praktizieren.«

Diese Anweisung kann der Berater durchaus ernsthaft vorbringen. Die Palo-Alto-Gruppe und andere Autoren haben in vielen Veröffentlichungen diesen Interventionstyp dargestellt. Deshalb kann ich hier auf weitere Beispiele verzichten. Wir können ihn dem Klienten aber auch mit Humor präsentieren:

Klient: "Ich sollte wirklich jeden Morgen aufstehen und zur Arbeit gehen wie alle anderen Leute auch.«

Berater: »Warum sollten Sie?«

Klient: »Weil das jeder normale Mensch tut, und ich möchte gerne normal sein!«

Berater: »Ist das wirklich so normal, sich jeden Morgen aus dem Bett zu hieven und den ganzen Tag irgendeine langweilige Arbeit zu tun, mit all dem Druck und den Ärgernissen und dem nervtötenden „Hin-zur-Arbeit" und „Zurück-von-der-Arbeit"?

Klient: »Aber die anderen tun es doch auch!«

Berater: »Halten Sie es denn für richtig, etwas nur deshalb zu tun, weil andere es auch tun?«

Klient »Ich möchte eben auch irgend etwas gut können.«

Berater: »Sie *können* ja etwas gut! Sie sind hervorragend, wenn es ans Essen und Schlafen geht!«

Klient: »Ich finde das beschissen! Ich sollte eine Arbeit annehmen und funktionieren wie andere Leute auch!«

Berater: »Ich finde, Sie sollten tun, was Ihnen *Spaß* macht und was Sie am *Besten* können, und das ist nun mal Essen, Schlafen und Fernsehen.«

Klient: »Aber was ich da tue, ist doch krank!«

Berater: »Was soll denn krank daran sein, wenn man das tut, was einem Spaß macht? Ich finde, Sie machen das großartig! Ich sehe da nichts Krankes; und *wenn* Sie krank wären, müsste ich das doch wissen, oder?« *(Fay, 1980, S. 46).*

Eine Variante dieser Methode besteht darin, dem Klienten durch Aufzählen der Vorteile seiner Pathologie seinen Änderungswunsch quasi »auszureden«.

Eine 20-jährige Patientin mit Loslösungsproblemen sagt zum Beispiel:

»Ich muss endlich von zu Hause ausziehen und mir ein Zimmer suchen.« (Achtung: Bei »Ich muss« statt »Ich will« ist immer Vorsicht angebracht! Besser ist *„Ich werde“*)

Berater: »Wieso denn, Sie haben es doch viel schöner bei Mami und Papi! Ein Dach über dem Kopf, regelmäßiges Essen, wunderschöne Sonntagsspaziergänge mit den Eltern. Sie wissen jetzt schon, wo und mit wem Sie die nächsten dreißig Jahre Ihre Urlaube verbringen werden. Urlaube, die Sie nicht einmal etwas kosten, und dann natürlich die verlockende Möglichkeit, direkt vom Kindesalter mit den Eltern zusammen ins Greisenalter hinein zu wachsen, ohne selber all die schwierigen Phasen durchmachen zu müssen wie Partnersuche, Kinder kriegen und aufziehen, es im Leben zu etwas zu bringen usw.«

Der Klient bekräftigt dann in der Regel seine Motivation, sich zu verändern. Nebenbei verschafft uns diese Vorgehensweise die Gelegenheit, auf nicht-offensive Weise den sekundären Krankheitsgewinn ins Gespräch zur bringen.

Fast jeder Klient tendiert innerlich dazu, sich gegen Veränderungen zu wehren (das »Inertia-Syndrom«). In der Beratung zeigt sich das in Form von Widerstand. Wenn nun aber der Berater eben diese Tendenz vertritt („...*sündige weiter!“)*, kann sich der Klient viel effektiver dagegen wehren. Gegen die Opposition von außen lässt sich leichter antreten als gegen die im eigenen Kopf!

Die Herausforderung

Eine weitere Methode, am „längeren Hebel" zu bleiben, besteht darin, den Klienten herauszufordern, uns zu zeigen, daß er willens und fähig ist, sich zu verändern, und auch unter widrigen Umständen nicht aufhören wird, ernsthaft seine Ziele weiter zu verfolgen.

Die einfachste Technik ist, dem Klienten (nicht ernsthaft) die *Fähigkeit* abzusprechen etwas Bestimmtes, Wünschenswertes tun zu können. *Erickson* verwendete diese Methode, als sein Sohn Robert einmal am Mittagstisch sagte: »Ich esse diesen Spinat nicht!« Worauf *Erickson* antwortete: »Natürlich nicht, schließlich bist du dazu nicht stark genug, nicht alt genug und nicht groß genug!«. Darauf antwortet die Mutter: „Aber klar ist er stark, alt und klug genug um Spinat zu essen."

Erickson erzählte mir diese Geschichte und beendete diese mit der Frage: „Und, was glaubst du, auf welche Seite sich mein Sohn geschlagen hat?"

In einem anderen Beispiel kommt eine attraktive, junge Frau, die eine Vergangenheit als drogenabhängiges Callgirl hinter sich hatte, für das Entlassungsgespräch zu ihrem Berater, der auch die Nachbetreuung übernehmen sollte:

Berater (ungläubig): »Entlassungsgespräch? Um Himmels willen, bei Ihren inneren (deutet auf ihren Unterleib), persönlichen Qualitäten dürfte es doch ziemlich klar sein, auf welche Weise Sie Ihren Weg in der Gesellschaft machen werden!«

Patientin (protestierend): »Na, hören Sie mal! Ich werde einen Job als *Bedienung* annehmen!«

Berater (auf Vernunft plädierend): »Wieso, zum Teufel, wollen Sie sich das antun: Acht Stunden am Tag aufrecht auf den Beinen zu stehen, wenn Sie sich das gleiche Geld in zwanzig Minuten auf dem Rücken liegend verdienen könnten!«

Patientin (lachend, aber ernstgemeint): »Jetzt hören Sie doch auf, so zu reden!« *(Farrelly. 1974, S.57)*

Wenn der Klient sich aufgrund einer Herausforderung dazu entschlossen hat, etwas für sich zu tun, und in der nächsten Stunde von seinem Erfolg berichten will, dann erweist es sich meist als motivierender, auf seine »Sehen Sie, ich habe es *doch* geschafft!«-Attitüde mit ungläubigem Staunen statt mit Lob zu reagieren.

Klientin (zu Beginn der Stunde): »Bevor Sie irgend etwas sagen, sollen Sie wissen, daß ich einen Job gefunden habe!«

Berater: »*Wo* denn?«

Klientin: »In einem Labor.«

Berater: »Als was, als Versuchskaninchen?«

Klientin (lachend): »Sie finden sich wohl heute wieder sehr lustig, was?!« *(Farrelly 1974, S. 110)*.

Die Klienten lernen dadurch, sich unabhängig zu machen vom Lob des Beraters. Sie lernen, sich realistisch zu verteidigen, und äußern von sich aus ein positives Selbstbild.

Als ich anfing, das „Hebelkonzept" in der Therapie einzusetzen, glaubte ich zunächst, daß die dabei angestrebte Position synonym wäre mit der „One-up"-, der superioren -Position, wie sie *Jay Haley* beschrieben hat. Diese Fehlmeinung hat mir einige unnötige Machtkämpfe und etliche Schlappen eingebracht. Erst nach einiger Zeit habe ich gemerkt, welche Stärke in der „One-down"-, der inferioren Position liegen kann (Frauen wissen das längst, aber bis ein Mann mal soweit ist, seine Fassade von Stärke abzulegen...).

Ein Klient begann, trotz nachweisbarer Fortschritte, jede Stunde mit der Einleitung »Alles beim Alten, keine Veränderung.«

Berater: »Das verstehe ich nicht! Ich muss da irgend etwas falsch machen. Zehn Stunden und nicht die geringste Veränderung! Ich glaube, ich bin nicht der richtige Berater für Sie. Ich wußte, dass ich mal einen Fall kriegen würde, an dem ich mir die Zähne ausbeiße. Ich glaube, Sie sind mein Waterloo!«

Vielleicht war es das, was der Klient mal hören wollte, denn von jetzt ab fing er an, von seinen Fortschritten zu erzählen.

In einem Paargespräch wurde der Klient so wütend, als die Rede auf den Seitensprung seiner Frau kam, daß zu befürchten war, er würde seine Beherrschung verlieren und tätlich werden.

Klient (drohend): »Und finden Sie das vielleicht richtig, was meine Frau sich da erlaubt hat?«

Berater: »Wenn Sie mich *so* fragen, finde ich prinzipiell alles richtig, was *Sie* richtig finden. Mein Honorar ist einfach nicht hoch genug, um ein blaues Auge zu riskieren.

Weshalb sagen Sie mir nicht einfach, was Sie hören wollen, und alles andere werde ich dann peinlichst vermeiden.«

Klient (wesentlich lockerer): »Schon gut, schon gut. Ich hab's kapiert.«

Die inferiore Position lässt sich sehr gut in Einklang bringen mit dem Ziel, am Steuer zu bleiben, wenn wir dabei in die *metakomplementäre* Position gehen, eine Haltung, die in etwa besagt: »Ich gestatte Ihnen, mich zu dominieren.« Wenn der Berater dem Gegenüber erlaubt, ihn zu dominieren, stellt das das Gleichgewicht wieder her.

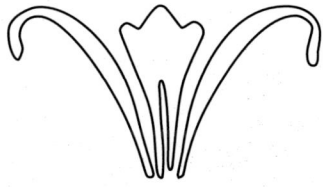

Unvoraussagbarkeit

Der dritte wichtige Faktor, der dem Wort des Beraters Geltung verleiht, zielt darauf ab, den Klienten aus seinem bisherigen Bezugsrahmen zu drängen und ihn zu veranlassen, umzudenken und eine neue Haltung zu sich und seinen Problemen einzunehmen.

Zu diesem Aspekt traf *Milton H. Erickson* die klare Aussage: »Die Unvoraussagbarkeit des Beraters zwingt den Patienten in neue Denkmuster und Verhaltensweisen« (persönliche Mitteilung, 1978).

Wenn einem Klienten die Worte des Beraters schon sattsam bekannt sind, wird er sie leicht abtun. Vor allem, wenn sie ihn an Ratschläge erinnern, die er von anderen Leuten auch schon bekommen hat. Oder wenn er glaubt, daß sie ihm ohnehin nicht helfen werden.

Wenn es dem Berater nicht gelingt, zumindest *ein* neues Element in die Interaktion mit dem Klienten einzubringen, das diesen verblüfft, überrascht, nachdenklich stimmt, dann stellen sich wahrscheinlich auch keine Erfolge ein.

Bei einem voraussagbaren Berater bekommt der Klient kaum Impulse zur Veränderung. Seine üblichen Abwehrmanöver, mit denen er schon die Ratschläge von Verwandten und Freunden neutralisiert oder abgeschmettert hat, reichen aus, um auch den Berater in seiner Wirksamkeit „schachmatt" zu setzen.

Wenn ein Klient auf die Intervention oder Erklärung des Beraters reagiert mit: »Das hat meine Freundin (Mutter, Kollegin usw.) auch schon gesagt«. Dann kann er sicher sein, daß er auf dem Irrweg ist. Die Reaktion des Beraters muss den Klienten verblüffen oder verwundern, zumindest aber stutzen lassen, damit sie ihn aufrüttelt und berührt. Nur dann wird sie auf ihn Wirkung haben. Nur wenn keine seiner vorgefertigten Reaktionen auf die Situation passt, fängt er an, umzudenken.

Vielleicht kennen Sie aus Ihrer eigenen Praxis Sätze von Klienten, auf die sich oft nicht gleich befriedigende Reaktionen finden lassen. Zu solchen Sätzen zählen z.B. ein nachdrückliches »Verstehen Sie mich?« nach jedem vierten Satz, oder »Ich möchte ja gerne. . . (morgens aufstehen, mehr Sport treiben, für meine Prüfung lernen), aber ich kann einfach nicht!« »Sagen Sie mir doch, warum bin ich so?« oder »Was raten Sie mir? Soll ich das tun oder lieber bleiben lassen?« oder »Man kann doch niemandem trauen, finden Sie nicht auch?« usw.

Solche rigiden Verhaltensmuster stellen eine Herausforderung für den Berater dar. In diesem Fall nützen wir dem Klienten, wenn wir so etwas unterbinden und ihn zu angemesseneren Denk- und Verhaltensweisen provozieren.

Manche Klienten wissen tief drinnen, daß sie von anderen als schwierig angesehen werden. Vielleicht sogar, daß sie anderen auf die Nerven gehen, daß sie andere manchmal »austricksen« und täuschen. Vor allem, daß sie andere in sogenannte »Spiele« hineinziehen können, die für den anderen (oder beide) mit schlechten Gefühlen enden. Wenn der Berater solche Spielchen durch seine Reaktionen im Keim erstickt, ist der Klient erleichtert, oft sogar dankbar, auch wenn er das vielleicht nicht zugeben mag. Hierzu be-

nötigt der Berater ein möglichst großes Verhaltensreper-
toire. Er braucht mehr als nur die Rolle eines verständnisvollen Beraters.

Erickson kurierte einmal einen Patienten, indem er ihn
beleidigte. Dieser stammte aus Preußen und war sein Leben lang tüchtig und arbeitsam gewesen. Nach einem
Schlaganfall aber konnte er ohne Hilfe nicht mehr gehen.
Es dauerte zwanzig Minuten, bis ihn seine Frau vom Auto
bis ins ebenerdige Büro *Ericksons* gebracht hatte. Im Laufe
der Sitzung begann *Erickson* ihm alles mögliche an den Kopf
zu werfen. Er sei ein Nazi, ein Drückeberger, ein Simulant
usw. Bis zum Ende der Stunde steigerte der Mann sich so
sehr in Wut, daß er schließlich aufstand und ging - zwar
unter größten Anstrengungen, aber ohne jegliche Hilfe. Er
wollte es diesem Doktor zeigen. Schließlich hat ein Preuße
seinen Stolz.

Wie man mit Humor eine kritische Situation entschärft,
zeigte *Frank Farrelly*, als ein Klient ihm drohte: »Und wenn
ich mich umbringe, dann wird Ihr Name in Fachkreisen für
immer beschmutzt sein!«

Farrelly (nonchalant): »Oh nein, das brauchen Sie nicht
zu glauben. Früher habe ich das auch mal geglaubt. Aber
wenn sowas mal im Laufe der Jahre passiert ist - ach, Sie
glauben ja gar nicht, wie reizend meine Kollegen dann zu
mir sind. Normalerweise sagen sie dann sowas wie: „Er hätte sich sowieso früher oder später umgebracht - niemand
hätte ihn davon abhalten können«, oder: »Ich finde das echt
stark von dir, daß du den Mut hattest, mit ihm überhaupt
zu arbeiten. Frank, ich hätte da viel zu viel Angst gehabt.«
Und sie legen beruhigend den Arm um mich und sagen:

»He, Frank, alter Freund, lass dich von mir zum Kaffee einladen. Magst du ihn mit Zucker und Sahne?« Und ich sage dann (mit gepresster, tränenerstickter Stimme, unter schwerem Schlucken): »Ja... aber... nur... ein... Stück... Zucker, ja? (gibt vor, sich Tränen aus den Augen zu wischen). Und dann (wechselt im Tonfall von tränenerstickt zu fröhlich) geht es mir gleich wieder viel besser. Und zum Mittagessen ist alles schon wieder vergessen. Und sogar die Familien danken mir immer ausnahmslos und sagen: »Sie haben Ihr Bestes getan, und wir sind Ihnen dankbar.« Oder sie sagen: »Er schläft jetzt bei Jesus« - was sich zwar ein bisschen schwul anhört - aber . . . nein, ich würde es nie zulassen, daß Ihre Sorge um meinen Ruf Sie von einem Selbstmord abhält.«

Klient (rot im Gesicht, beißt sich auf die Lippe, kann sich nicht mehr halten vor Lachen): »O.k., o.k., ich hab's begriffen« *(Farrelly,* 1974, S. *166).*

Eine Rolle ist besonders hervorzuheben: Die Rolle des *Advocatus diaboli,* bei der der Berater die negative Seite des inneren Dialogs seines Klienten vertritt und ihn mit Begeisterung zu Faulheit, Nachlässigkeit, Nichtstun und Egoismus zu überreden sucht.

Wenn ein Klient sich viele Sorgen um die Zukunft macht, ermutige ich ihn, auch noch die Vergangenheit und die Gegenwart in diese Sorgen einzubeziehen. Nur wenn ihm auch das noch leicht von der Hand ginge, hätte er Aussicht auf das begehrte Neurotikerdiplom. In seinen Schilderungen und Phantasien kann der Berater sogar humorvolle und skurrile Aspekte ins Scheinwerferlicht rücken und erreicht dabei, daß der Klient lernt, auch über sich selbst zu lachen.

Einem Klienten, der stets kurz vor dem Ziel »schlapp machte«, beschrieb der Berater folgende »Zukunftsszene«:

Berater (schaut ins Leere, als würde er eine Vision haben): »Ich sehe gerade ein Bild vor mir! Ich sehe ein Altersheim, einen düsteren Raum, und einen kleinen alten Mann, der am Stuhl festgebunden ist, weil er ein unanständiger alter Mann war und die Krankenschwester in den Po gekniffen hat. Sein Haupt ist gebeugt und er murmelt vor sich hin: »Ich hätte es weit bringen können im Leben, wirklich weit, wenn ich nur... wenn ich nur...«

Worauf der Klient sich die Hand vors Gesicht hält und ruft: »Uhh, das ist ja schrecklich, Schluss damit, bitte!« *(Farrelly, 1974, S. 190).*

Der Berater kann durch Überzeichnen und Verzerren die einseitige Sichtweise des Klienten auflockern und bereichern. Er kann

a) die Symptome umdeuten, d. h. ihnen einen anderen Stellenwert oder eine andere Bedeutung geben,

b) das Symptom verstärken (»Sie brauchen es und sollten es sogar noch häufiger tun«),

c) die Symptome auf unsinnige Weise »erklären«, vor allem wenn sich der Klient mit einer fruchtlosen Suche nach psychogenetischen Erklärungen davon abhält, sich mit den aktuellen Fakten auseinanderzusetzen und häufig klagt.

Klientin: »Sagen Sie mir, warum bin ich so geworden?‹

Berater (mit »Expertenmiene«) »Nun, das ist vollkommen klar: Zuerst haben Sie schon mal krumme Chromosomen abgekriegt, dann hat Ihre Erziehung Sie fürs Leben ruiniert, und den Rest hat dann noch die Umwelt aufgefressen. Was haben wir da noch für Chancen, Sie zu verändern« *(Farrelly, 1974, S 74)*.

Wenn der Klient immer wieder um Erklärungen bittet oder Versicherungen haben will, veranlasst der Berater ihn am wirkungsvollsten zum Umdenken, indem er dessen stereotype Muster mit unerwarteten Reaktionen durchbricht. Ein vergleichendes Beispiel kann das veranschaulichen.

Ein Klient fragt zum fünften Male in einer Sitzung: »Glauben Sie, daß ich verrückt bin oder es werden könnte?«

Antwort 1:

»Sie haben diese Frage schon wiederholt gestellt. Dieser Gedanke muss Sie wirklich sehr beunruhigen.«

Wir versuchen, ihm sein Verhalten bewusst zu machen, in der Hoffnung, daß er durch Aussprechen seiner Gefühle und durch bewusste Steuerung das irrationale Verhalten in den Griff bekommt.

Antwort 2:

»Jetzt hören Sie endlich auf, immer dieselbe Frage zu stellen! Ich sagte Ihnen doch schon fünfmal, daß Sie nicht verrückt sind und es wahrscheinlich auch nie werden!«

Der Berater äußert zwar authentisch seinen Unmut, veranlasst aber den Klienten nicht zum Umdenken, eher dazu, sich anzupassen.

Antwort 3:

»Ich glaube nicht, daß Sie verrückt sind, aber ich glaube, daß Sie es werden können, wenn Sie sich nur ein bisschen Mühe gäben!«

Wenn wir auf eine irrationale Frage rational eingehen, verleihen wir ihr Glaubwürdigkeit und Bedeutung. Das aber bestätigt sie als begründet. Wenn wir seine Frage ernsthaft beantworten, muss der Klient annehmen, daß an seiner Befürchtung etwas dran ist.

Dazu ein Beispiel von *Allen Fay:*

Ein Klient, der durch falsche sexuelle Aufklärung eingeschüchtert worden war, besprach das Thema Masturbation in einer Sitzung und sagte:

»Ich onaniere dreimal am Tag. Glauben Sie, daß das zu viel ist? Könnte mir das schaden?« Wir hatten das Thema schon öfter besprochen, und er wußte gut genug, daß es nicht schaden würde. Ich wiederholte die beruhigenden, korrektiven und informativen Äußerungen, die ich schon früher gebracht hatte, worauf er sagte »Und wie ist es bei viermal?«. Da mir plötzlich klar wurde, daß ich im Begriff war, auf sein Spiel einzugehen, antwortete ich: »Das ist immer noch nicht schlimm, aber ich kann Ihnen jetzt schon versichern, daß bei fünfmal die allerschlimmsten Konsequenzen drohen, wie Blindheit, Wahnsinn, völlige Auflösung der Persönlichkeit...«. Er fing an zu lachen. Auf diese Weise hatte ich ihn wirksamer beruhigt als durch bloße Wiederholung der schon gegebenen Informationen *(Fay,*1980, S. 59).

Durch Humor und Lachen gewinnt der Klient Distanz zu seinen Problemen. Die unerwarteten Reaktionen des Beraters verhelfen ihm zu einer neuen Sichtweise und regen ihn zum Nachdenken an. Der Berater wird *dann* wieder ernsthaft, wenn der Klient seine Irrationalität aufgibt und überzeugend anfängt, etwas für sich zu tun.

Eines möchte ich hier noch betonen: die Irrationalität des Berater darf nicht zynisch, nicht abwertend oder geringschätzig wirken! Seine nonverbale Kommunikation sollte deutlich ausdrücken: »Ich schätze Sie, und ich kümmere mich um Sie, und habe nicht vor, Sie dadurch zu beleidigen und unser Gespräch abzuwerten, indem ich auf Ihre irrationalen Muster *ernsthaft* eingehe und sie damit bestärke. Ich traue Ihnen zu, daß Sie selbst Lösungen finden, auch ohne die Krücke meines Zuspruchs!«

Wenn der Berater *das* beachtet, werden sich die Klienten ernster genommen fühlen als bei einem Berater, der Ratschläge und Erklärungen gibt, die der Klient ohnehin selbst weiß.

Natürlich können auch die irrationalen Reaktionen des Beraters für den Klienten zur Erwartung werden. In diesem Fall ist es nützlich, den Klienten herauszufordern, seine neuen Sichtweisen und Erkenntnisse in die Tat umzusetzen. Dabei wird der Berater halbherzige Reaktionen zunächst frustrieren, damit der Klient angespornt wird, seine Ziele mit mehr Nachdruck zu verfolgen.[2]

Klient: »Mir ist vieles klargeworden. Ich habe eingesehen, daß vieles an mir liegt.«

Berater: »Einsichten, Einsichten; davon haben Sie doch schon genug geliefert! Aber *wozu?* Einsichten, die nicht zu Taten führen, sind wertlos. Nur eine Art von Selbstbefriedigung!«

---

[2] Unser Motto dabei ist: „Wenn die Reaktion noch zu schwach ist, frustriere sie, damit sie am Widerstand wächst!"

35

Klient: »Ich habe immerhin meinen Schreibtisch aufgeräumt und auch schon angefangen, mich auf die Prüfung vorzubereiten!«

Berater: »Ja ja, das kenne ich schon: Erst mal das Zimmer aufräumen, dann den Schreibtisch aufräumen, dann einen Kaffee kochen und ein Zigarettchen rauchen. Während Sie dann vor dem Buch sitzen, erst mal eine halbe Stunde Fingernägel saubermachen und ausgiebig Nasenbohren. Überschrift Prüfungsvorbereitungen! Daß ich nicht lache.«

Klient (schwach protestierend): »Ein bisschen mehr hab' ich schon gemacht!«

Indem sie die Technik der unerwarteten Reaktion am eigenen Leib verspüren, lernen die Klienten, sie auch selbst einzusetzen. Dabei lösen sie manchmal schon lange bestehende Kommunikationsprobleme mit anderen.

Eine 30-jährige Klientin litt darunter, daß es immer Streit gab, wenn sie ihre Mutter besuchte. Wenn diese ihr dann von den Nachbarskindern vorschwärmte, davon, was die alles erreicht hätten, wie stolz deren Eltern auf sie sein könnten, und vor allem, wie dankbar sich diese Kinder ihren Eltern gegenüber zeigen würden, stieg in der Klientin eine solche Wut auf, daß sie stets ihre guten Vorsätze vergaß und fürchterlich mit der Mutter stritt.

Wir sprachen das Problem durch, und ich gab ihr einen Satz mit. Als die Klientin nach Weihnachten wieder in die Praxis kam, erzählte sie, daß kein böses Wort zwischen ihr und der Mutter gefallen wäre. Immer wenn die Mutter anfing, von den Kindern ihrer Nachbarn zu schwärmen, reagierte sie mit ernsthafter Anteilnahme: »Mutter, du tust mir so leid. Du hättest wirklich eine tüchtigere und dankbarere Tochter verdient als mich. Aber ich weiß doch selber nicht, woher ich diese Art habe!«

Mutter und Tochter konnten wieder miteinander lachen und den alten Groll begraben.

Es gibt unzählige Beispiele für den Nutzen paradoxer, unerwarteter Reaktionen, die aber nur dann wirksam sind, wenn sie von Wohlwollen getragen und mit Humor gewürzt sind.

So gesehen, wäre es nicht verwunderlich, wenn in allen Beratungen und Coachings der Zukunft **Lachen und Humor** als wichtiges Ingredienz für Veränderung eingesetzt werden würde.

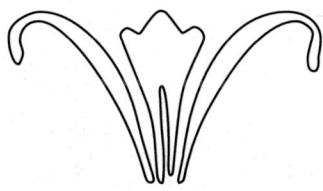

Literatur

Harry Boyd: »Therapeutic Leverage«, The Transactional Analysis Journal, Heft 28, San Francisco, USA 1975

Milton Erickson ua. »Hypnotic Realities« 1976, übersetzt ins Deutsche durch H.U. Schachtner/P. Randl, deutscher Buchtitel »Hypnose«, 1978

»Milton Erickson live« aufgezeichnet Winter 1977 von H.-U. Schachtner während seiner Aufenthalte in Milton Erickson Haus und Praxis in Phoenix, Arizona. DVD Paket (ca. 15 Stunden) erstmalig nach 34 Jahren erhältlich beim Verlag Harmony Balance Edition.

Frank Farrelly »Provocative Therapy«, Meta Publications, Cupertino, Cal., USA 1974

Allen Fay, »Making things better by making them worse,« Hawthorn Books Inc,, New York 1980

Jay Haley: »The Collected Papers of Milton H. Erickson«, Grune & Stratton Inc., New York 1967

Hans-Ulrich Schachtner »Frech, aber unwiderstehlich! Der Magische Kommunikations-Stil: Mehr Charme, Witz und Weisheit im Alltag, Beruf und in der Liebe!«, Harmony Balance Edition, 7. Auflage 2011.

Angaben zum Autor

Hans-Ulrich Schachtner ist Diplom-Psychologe, approbierter Psychotherapeut und seit vielen Jahren ein von Ärzte- und Psychotherapeutenkammern anerkannter Ausbilder und gesuchter Supervisor. Seit 40 Jahren ist er tätig als Psychotherapeut in seiner privaten Praxis in München- Schwabing und hat sich auf humorvoll-hypnotische Kommunikation zur Lösung besonders verfahrener Situationen spezialisiert.

Er ist Mitbegründer der ersten Milton-Erickson-Gesellschaft im deutschsprachigen Raum und führte als erster die Provokative Therapie in Deutschland ein. Darüber hinaus ist H.-U. Schachtner auch der Begründer der Kommunikations-Stile „ProSt" (Provokativer Stil) und des „MagSt" (Magischer Stil). Den männlich orientierten Kommunikations-Stil „ProSt" gibt es seit Mitte der 80er Jahre. Der ProSt ist im deutschsprachigen Raum wohl bekannt und wird von vielen innovativen und mutigen Therapeuten und Führungskräften geschätzt und praktiziert.

Die Weiterentwicklung des „ProSt" ist der ausgewogen weiblich/männlich orientierte „magische" Kommunikations-Stil, der „MagSt". Diejenigen, die ihre Umgangsweise mit anderen liebevoller, charmanter und weiser gestalten und den „MagSt" intensiv erlernen möchten, haben dafür verschiedene Möglichkeiten (MagSt-Botschafter/MagSt-Berater/MagSt-Trainer Fortbildung, Tele-Classes und Einzel- oder Gruppenkommunikations-Trainings).

Das Markenzeichen Hans-Ulrich Schachtners ist eine humorvolle Einflussnahme, die auf besseres Verständnis und Harmonie in zwischenmenschlichen Beziehungen abzielt.

www.MagSt.info info@MagSt.info

Praxis: Occamstr. 2, 80802 München-Schwabing, Tel. 089-34 11 75

VERLAGSANKÜNDIGUNGEN

Sehr geehrte Leserin, sehr geehrter Leser,

unser Verlagsautor, Hans-Ulrich Schachtner, erkannte bereits zu Beginn seiner psychotherapeutischen Tätigkeit, dass die meisten emotionalen und körperlichen Beschwerden verursacht werden durch lieblose Kommunikation. Er beschäftigt sich seit dieser Zeit mit ungewöhnlichen, effektiven Kommunikationsmethoden und entwickelte den „ProSt" (Provokativer Stil) und den „ MagSt" („Magischer Kommunikations-Stil").

Wenn auch Sie dazu beitragen wollen, dass unser Miteinander förderlicher wird, dann wäre das umfangreiche MagSt-Lebensarbeitsbuch »Frech, aber unwiderstehlich! Der Magische Kommunikations-Stil: Mit Charme, Witz und Weisheit im Alltag, Beruf und in der Liebe« genau richtig für Sie.

Einen ersten Eindruck zum Thema »Magisch kommunizieren« können Sie sich verschaffen, wenn Sie von uns die ca. 30 Seiten umfassende Leseprobe anfordern. Auch zu unseren anderen Büchern gibt es hilfreiche Leseproben.

Wollen Sie mit MagSt-Wissen das zwischenmenschliche Klima verbessern? Dann laden wir Sie ein zu unseren besonderen MagSt-Veranstaltungen. In den MagSt-Vorträgen von Hans-Ulrich Schachtner erfahren Sie dazu Näheres (Infos in www.MagSt.info). Wenn Sie tiefer in den Bereich der charmant-persuasiven Kommunikation einsteigen möchten, empfehlen wir Ihnen die erkenntnisreichen und unterhaltsamen Aus- und Fortbildungen zum »**MagSt-Botschafter**«, »**MagSt-Berater**« und »**MagSt-Kursleiter**«.

Wir haben noch zwei höchst interessante Selbstlern-Materialien für Sie. Das aussergewöhnliche DVD-Paket „Dr. Milton Erickson live" (im Jahre 1977 gefilmt von H.-U. Schachtner, zum ersten Mal veröffentlicht nach 34 Jahren) und unsere Hörbuch-CD „Zeig der Manipulation die ROTE KARTE. Das Geheimnis der 6 Klingelknöpfe" (wie man sich vor unerwünschter Beeinflussung schützen kann).

Verlag Harmony Balance Edition

Fehn am Bach 83734 Agatharied

www.Harmonybalance.de   info@Harmonybalance.de

Tel. +49 (0)89-54 55 82 38

FRECH, ABER UNWIDERSTEHLICH!

Der Magische Kommunikationsstil: Mehr Charme, Witz und Weisheit im Alltag, im Beruf und in der Liebe

Nichts entscheidet mehr über Ihren Lebenserfolg als Kommunikation. Das Schöne daran ist: Gekonnte Kommunikation ist lernbar! Mit diesem Buch können Sie den Austausch mit anderer harmonischer, interessanter, humorvoller und weiser gestalten.

- Sie fördern Offenheit und Nähe, locken andere hinter ihrer Fassade hervor.
- Sie steuern subtil das Geschehen durch die drei Einfluss-Positionen.
- Sie „erziehen" Ihre Umwelt behutsam zu rücksichtsvollerem Verhalten
- Sie nutzen die sieben „Gesetze" des Magischen Kommunikations-Stils, damit andere auch wirklich gerne tun, was Sie von ihnen wollen.
- Sie motivieren andere, ihr Bestes zu geben, indem Sie deren „inneren Schweinehunden" Beine machen.
- Sie kennen und nutzen die Gesetze von Anziehung, Sympathie und Loyalität.

In www.Amazon.de finden Sie mehrere aufschlussreiche Rezensionen von Leserinnen und Lesern. Sie zeigen, dass dieses Buch ein Buch zum lebenslänglichen Dazulernen ist und ein Buch ist, das seinen Preis wert ist.

Autor: Diplom-Psychologe Hans-Ulrich Schachtner

ISBN: 978-3-939924-23-4 broschiert   **ISBN: 978-3-939924-80-7** Hardcover

30 GEHEIMNISSE DES BEGEHRENSWERTEN MANNES

Wie er SIE für sich gewinnt,
an sich gewöhnt,
und trotz allem genießt!

Dieses praxisnahe Buch weiht den Leser in all das ein, was er braucht um ein, auf Dauer begehrenswerter Mann zu sein. Es geht dabei nicht nur darum, für das schönere Geschlecht attraktiv zu sein, sondern auch, wie er eine Beziehung von Anfang an so gestalten kann, dass sie eine Chance auf Dauerhaftigkeit hat.

Diese „Weichenstellung" entscheidet darüber, ob der Übergang von der Verliebtheit zum Alltag harmonisch und erfolgreich verläuft.

Im dritten Teil des Buches zeigt der Autor, wie „mann" die Beziehung zum „unbekannten Wesen Frau" so einrichtet, dass sie auch auf lange Sicht lebendig und „genießbar" bleibt, indem er die Attraktion, die gegenseitige Achtung und die Harmonie in der Beziehung dauerhaft aufrecht erhält.

Autoren: Hans-Ulrich Schachtner
Elisabeth Eberhard

„Das Bemühen der Frau geht dahin,
den Mann zu kontrollieren.
Die Aufgabe des Mannes ist,
dies zu verhindern."

ISBN 978-3-939924-30-2

WENN DICH DER PARTNER SCHAFFT,
... DANN IST ES PARTNERSCHAFT!

Wenn Sie wissen möchten, wie Sie Ihren Partner/Ihre Partnerin bestmöglich „schaffen", damit aus ihm/ihr was wird, dann ist diese Partnerschafts-Theater-Kabarett-DVD ideal für Sie.

Hans-Ulrich Schachtner und seine Partnerin schrieben dieses Stück im Jahr 2003 und führten es bis 2009 in namhaften Häusern im deutschsprachigen Raum mit großem Erfolg auf. Zuschauer berichteten, dass sie ihren Partner/ihre Partnerin wieder mehr wertschätzten und mit mehr Dankbarkeit begegneten. Der therapeutische Effekt dieser Kabarettabende zeigte sich durch humorvollerem Umgang miteinander, weniger Zwist und Streit und einem generell achtsameren Umgang mit der Familie.

Weitere Informationen finden Sie in www.Partneroptimieren.de. Diese DVD können Sie direkt beim Verlag bestellen.